BEI GRIN MACHT SICH IHR WISSEN BEZAHLT

AF173531

- Wir veröffentlichen Ihre Hausarbeit, Bachelor- und Masterarbeit

- Ihr eigenes eBook und Buch - weltweit in allen wichtigen Shops

- Verdienen Sie an jedem Verkauf

Jetzt bei www.GRIN.com hochladen und kostenlos publizieren

Bibliografische Information der Deutschen Nationalbibliothek:

Die Deutsche Bibliothek verzeichnet diese Publikation in der Deutschen National-
bibliografie; detaillierte bibliografische Daten sind im Internet über http://dnb.d-
nb.de/ abrufbar.

Impressum:

Copyright © 2008 GRIN Verlag, Open Publishing GmbH
Druck und Bindung: Books on Demand GmbH, Norderstedt Germany
ISBN: 9783640514922

Dieses Buch bei GRIN:

http://www.grin.com/de/e-book/141052/konservative-gegen-liberale-in-der-mitte-
des-19-jahrhunderts-in-deutschland

Islam Fatih Kisacik

Konservative gegen Liberale in der Mitte des 19. Jahrhunderts in Deutschland und Europa

GRIN Verlag

GRIN - Your knowledge has value

Der GRIN Verlag publiziert seit 1998 wissenschaftliche Arbeiten von Studenten, Hochschullehrern und anderen Akademikern als eBook und gedrucktes Buch. Die Verlagswebsite www.grin.com ist die ideale Plattform zur Veröffentlichung von Hausarbeiten, Abschlussarbeiten, wissenschaftlichen Aufsätzen, Dissertationen und Fachbüchern.

Besuchen Sie uns im Internet:

http://www.grin.com/

http://www.facebook.com/grincom

http://www.twitter.com/grin_com

Universität Kassel

SS 2008

Fachbereich 05: Gesellschaftswissenschaften / Neuere und Neueste Geschichte

Seminar: "Partei wider Willen": Konservativismus und konservative Bewegung

zwischen Revolution und Reichsgründung 1848-1878

Konservative gegen Liberale in der Mitte des 19. Jahrhunderts in Deutschland und Europa

Islam Fatih Kisacik

BA Geschichte/Politik

4. Semester

4. August 2008

Wenn wir uns mit der heutigen Sicht zurück bewegen in die Mitte des 19 Jahrhunderts, erblicken wir in Deutschland eine schwierige und nicht einfach zu durchschauende Situation.

Diese Arbeit beschäftigt sich, mit einem der Persönlichkeiten in Preußen im 19. Jahrhundert, Friedrich Julius Stahl, und einigen Ansichten speziell zur Revolution von ihm. Zudem spielen die internationalen Verhältnisse zu der Zeit eine wichtige Rolle in diesem Essay.

In Deutschland war es zu Mitte des 19. Jahrhunderts so, dass es keine politischen Parteien, wie im heutigen Sinne, existierten. Somit fehlten den herausbildenden politischen Bewegungen die organisatorischen Strukturen.

Die politischen Strömungen, die eine Rolle spielten und die auch jedes europäische Land prägten, waren zum einen, der Konservatismus und zum anderen, der Liberalismus.

Der Kerngedanke der Konservativen war, das Bestehende zu bewahren und mit der Herausforderung des einschleichenden Wandels im 19. Jahrhundert umzugehen. Die Konservativen konnte man im Deutschen Reich in drei Gruppen aufteilen. Es gab die Status quo Konservativen, die sich auf die Veränderungen einließen. Die Akzeptanz der neuen politischen Grundlagen ging allerdings nur bis zu einem gewissen Punkt. Zudem gab es die Reformkonservativen, die wiederum die Veränderungen kontrollierend begleiten anstrebten. Und schließlich gab auch noch die Reaktionärkonservativen, die für die Einführung vom Alt bewerten plädierten und die neue Ordnung als Gegnerschaft ansahen. Zwar hatten die Konservativen wenige Träger, trotzdem wurden diese von breiten Schichten der Bevölkerung toleriert, da Sie diese Strömungen gut und attraktiv fanden.

Die Liberalen dagegen, waren eine breitere Strömung, die mit Recht für sich beanspruchen konnte, Hauptträger des modernen Konstitutionalismus zu sein. Trotz dessen war im Deutschen Reich, im Jahre 1848, die liberale Bewegung noch sehr jung.

Die Etablierung der Strömungen war eine Reaktion auf die Fremdherrschaft von Frankreich, der Napoleonischer Herrschaft.

Was war nun der Grund für die gegenseitige Antipathie zwischen Konservativen und Liberalen die zu Mitte des 19. Jahrhunderts den größten Teil Europas prägte?

Zum einen forderten die Liberalen primär eine geschriebene Verfassung und sahen in ihrer Sichtweise, das Königtum bloß als ein Auftrag des Volkes. Die Forderung nach einem Rechtstaat mit einem klar umrissenen Grundrechtskatalog und dem Schutz des Individuums durch diesen Rechtstaat war ein weiteres Hauptziel. Folglich stehen die Freiheit und die Selbstbestimmung des Individuums gegenüber aller politischen und gesellschaftlichen Bevormundung im Vordergrund. Auf wirtschaftlicher Ebene standen der Freihandel und die freie Marktwirtschaft oben auf der Liste der Forderungen. Das bedeutet, der Liberalismus forderte die freie Entfaltung des wirtschaftenden Menschen und die Nichteinmischung des Staates. Dieser Umstand, sollte zu sozialer Harmonie und zum Wohle aller führen, laut dem liberalen Denken.

Trotzdem wurde die Monarchie durch die liberalen zu Mitte des 19. Jahrhunderts grundsätzlich anerkannt, in Form eines Dualismus, der die politische Herrschaft zwischen Parlament und Krone aufteilte. Letztendlich konnte sich der Liberalismus in den westlichen Demokratien mit seinen entscheidenden Forderungen vollständig durchsetzen.

Die Konservativen hingegen wollten, wie erwähnt, die Erhaltung des Bewährten. Die konservative Strömung war in erster Linie eine Gegenbewegung gegen die Französische Revolution und ihren Wirkungen. Somit stand man in Gegnerschaft zum Rationalismus und Aufklärung. Gleichzeitig wehrte man sich gegen die Vernunftkonstruktion im menschlichem Zusammenleben und dem vom Ich ausgehenden Denkens. Die Religion spielte eine stärkere Rolle bei den Konservativen. Zudem sahen die Konservativen auch lieber ein ständisches Modell, Adel-Geistlichkeit-Städte, als Vertretung des Volkes.

So kann man hier zusammenfassend sagen, wenn man will, dass die Konservativen eher eine defensive und die Liberalen dagegen eine offensive Ausrichtung hatten.

Ein bedeutender konservativer Professor und Redner, der jetzt leider schon in Vergessenheit geraten ist, war Friedrich Julius Stahl. Stahl konvertierte im Alter von 17 Jahren vom jüdischen in den protestantischen Glauben. Auch Julius Stahl bekam die verschiedenen Zustände in Europa mit. Stahl war unter anderem der Mitbegründer der konservativen „Kreuzzeitung". Folglich waren seine politisch-publizistischen Hauptgegner in Deutschland die liberale Presse.

Der Parteiführer der konservativen in Preußen, Stahl, hatte Mitte des 19. Jahrhunderts mit seiner konservativen Staatsauffassung als politischer Professor einen enormen Einfluss in Preußen. So war auch eines der zentralen Themen seiner politischen Tätigkeiten sein Verhältnis zur Revolution. In diversen Reden hatte er dieses Verhältnis zur Sprache gebracht, unter anderem auch am 8. März 1852 in Berlin. Dort sprach er unter dem Thema „Was ist die Revolution?" vor dem Evangelischen Verein für kirchliche Zwecke.

Julius Stahl versuchte vor diesem extrem christlichen Verein mit seinen Definitionen, die Konservativen auf den Boden des Konstitutionalismus zu führen. Er sah die Revolution als nicht so schlimm wie andere Umstürze, obwohl man sich hier von Gott loslösen musste. Den Willen des Menschen und das Interesse der Gegenwart, stellte er hier in den Vordergrund bei seinem Vortrag, um beispielsweise keine ungerechte Obrigkeit mehr zu haben. Seine Forderungen machte er durch die Eigenschaften des Christentums haltbar, nämlich durch die Freiheit, Gleichheit und Brüderlichkeit. Er stellte zudem auch fest, dass die Revolution auf kirchlichem Gebiete schon mit der Reformation den Ausgangspunkt hatte. Infolgedessen hatte der die Revolution ihren Ursprung im Rationalismus mit der Emanzipation des Menschen vor Gott.

All seine Forderungen und Thesen dienten als Appell an den König, da er mit der aktuellen Situation eine Einschätzung über die Zustände in Deutschland hatte. Er machte sozusagen Begriffspolitik und gab prinzipielle Ausführungen an den König mit seiner Stellungnahme. Stahl gab quasi eine Empfehlung ab, welche Politik in Zukunft betrieben werden sollte.

Erstaunlich ist hier, wie Stahl, mit seinem eigentlich konservativen Weltbild, die Situation nicht verkennt und versucht den Konservatismus zu modernisieren und dadurch versucht, sich so weit es geht der Zeit anzupassen. Trotz dessen kritisierte auch ein Stahl als gläubiger Christ in seiner Rede den Umstand, dass keine Monarchen mehr sondern normale Menschen künftig herrschen werden. Er wusste aber gleichzeitig auch, dass die Revolution die bestehenden staatlichen, religiösen u. a. Grenzen zurück drängte. Es war offensichtlich, dass die Welt liberaler wurde.

Die Mitte des 19. Jahrhundert in Europa war geprägt von diversen Aufständen, Revolutionen und kriegerischen Auseinandersetzungen. Betrachten wir hier konkret den Zeitraum von 1847 bis 1853 werden wir die unterschiedlichsten, politischen Volksaufstände in vielen Ländern Europas feststellen.

Die Gründe waren vielschichtig, doch der wesentlichste Punkt vor allem war der Aufstand gegen die Restauration des Absolutismus. Die Ziele von nationalen Bewegungen in Europa waren im 19. Jahrhundert die nationale Integration.

Schauen wir uns hier einige Nachbarsstaaten Deutschlands wie beispielsweise die Schweiz an. Hier fand im November 1847, der letzte militärische Krieg überhaupt auf Schweizerischem Boden, ein Bürgerkrieg statt. Dieser Krieg zwischen katholischen Konservativen gegen liberale Protestanten ging als Sonderbundkrieg in die Geschichte ein. Als Ergebnis des Bürgerkriegs erhielt die Schweiz eine Bundesverfassung, welche die Schweiz vom Staatenbund zum Bundesstaat führte.

Auch in einem weiteren Nachbarstatten Deutschlands, Italien, herrschten 1848/49 Unabhängigkeitskriege. Unter dem Bewegungsausdruck Risorgemento was soviel heißt wie Wiedergeburt oder Wiedererstehung fanden zwischen Sardinien-Piemont gegen Österreich italienische Unabhängigkeitskriege statt. Das Ergebnis hier, war zunächst der Sieg der Österreicher, die ihre Herrschaft in Norditalien wiederherstellen konnten.

Auch in Österreich und in Tschechien fanden gewaltsame Konflikte zwischen stehenden Heeren und bewaffneten Revolutionären statt.

Ausgangspunkt und inspirierend für alle anderen Länder Europas war stets Frankreich mit seinen Revolutionen. Als 1848 das Ende des liberalen Bürgerkönigs Louis Phillip beschlossen wird, ist sein Nachfolger und neuer Präsident der Neffe von Napoleon, Charles Louis. Hier wurde die Zweite Französische Republik ausgerufen.

Die Republik als Staatsform war zu der Zeit in Europa eine Seltenheit, außer Frankreich und der Schweiz vertrat diese Form kein anderer Staat. Die Monarchie, genauer der monarchische Absolutismus war noch der Regelfall in Europa. Eine typische bestimmte Erscheinung wurde im 19. Jahrhundert der monarchische Konstitutionalismus, in der der Monarch eine dominante Rolle spielte und zudem eine Verfassung existierte. Die Parlamentarische Monarchie, in der das Parlament eine Dominanz hatte, war in England anzufinden.

Doch auch in Frankreich gab es kurze zeit später wieder blutige Kämpfe, worin Louis Napoleon einen Staatsstreich durchführte und sich schließlich nach einer Volksabstimmung zum Kaiser der Franzosen ernennen ließ. Hier begann nun fortan das zweite Kaiserreich zu bestehen, welche die vier jährige Republik ablöste. In politischer Hinsicht tat man in Frankreich aber etwas Einmaliges in Europa, was hier erwähnt werden muss. Es wurde das allgemeine Männerwahlrecht eingeführt, was bedeutete, dass die Wählerstimmen von 300.000 auf 9.000.000 kometenhaft anstiegen.

Wie entzündlich Europa in der Mitte des 19. Jahrhunderts war zeigt auch der Krimkrieg, der zwar nicht wie in den anderen Konflikten Europas als Restauration des Absolutismus galt, sondern eher ein Krieg von europaweitem Ausmaß war. Außer den Russen gegen die Osmanen beteiligten sich auf Seiten der Türken die Italiener, Franzosen und Briten. Die Deutschen blieben hier neutral. Dieser Krieg begann 1853 und hatte nach dem Ende eine hohe Bedeutung an künftiger Machtentwicklung und Machtverteilung unter den europäischen Staaten.

Wieso nun soviel Aufstände und Revolutionen in Europa ab 1847 stattfanden, kann man dadurch erklären, dass einfach die bestehenden Staatsformen im Widerspruch zum

Volksbewusstsein standen. Somit fanden die Revolutionen als eine Staatsumwälzung gegen den Willen der herrschenden Gewalt statt.

Die politischen Systeme wurden zu Mitte des 19. Jahrhunderts in ganz Mitteleuropa erschüttert und es fand ein Wandel in Europa statt. Dieser Wandel wurde genährt mit der bürgerlichen Forderung nach politischer Teilhabe, den Bestrebungen nach nationaler Selbstbestimmung und Unabhängigkeit, den Auswirkungen der Bevölkerungsexplosion und der Krise vorindustrieller, handwerklicher Berufe und den Folgen von Missernten, Hunger und Teuerungskrisen.

Wie Eingangs schon erwähnt ist es relativ schwierig über die verzwickte Situation in Deutschland und Europa zu Mitte des 19. Jahrhunderts, in knapp fünf Seiten, zu erörtern. Nichts desto trotz können wir mitnehmen, dass die Industrialisierung und Liberalisierung, die Lebensverhältnisse allmählich verbesserte und in Deutschland und Europa ein dynamischer Wachstum stattfand. Nicht zu vergessen: es waren um 1850, beispielsweise in Deutschland, immer noch 50% der Bevölkerung in der Landwirtschaft beschäftigt und es gab noch viel Armut und Auswanderungen z.B. in die USA.

Zusammenfassen können wir außerdem sagen, dass alle europäischen Bewegungen Mitte des 19. Jahrhunderts inklusive Deutschlands, mit Ausnahme der Schweiz, gescheitert sind. Die Heere der Fürsten in Europa ließen sich nicht zur Revolution hinüberziehen.

Für die Europäer diente England als Vorbild in politischer wie auch wirtschaftlicher Hinsicht, da das System dort sehr flexibel war.

Quellen und Literaturverzeichnis:

Quelle:

Friedrich Julius Stahl, Was ist die Revolution? (1852), in: Ders., Siebzehn parlamentarische Reden, Berlin 1862, S.233-246.

Literatur:

Backes, Uwe, Liberalismus und Demokratie - Antinomie und Synthese. Zum Wechselverhältnis zweier politischer Strömungen im Vormärz, Beiträge zur Geschichte des Parlamentarismus und der politischen Parteien, Band 120, Düsseldorf 2000.

Heidenreich, Bernd (Hg.), Politische Theorien des 19. Jahrhunderts. Konservatismus, Liberalismus, Sozialismus, 2.Auflage, Berlin 2001.

Erich und Heinz Lafontaine, Die liberale und nationale Bewegung in Deutschland im 19. Jahrhundert, Quellen zu Geschichte und Politik, 1.Auflage, Heilbronn 1992.

Reinalter, Helmut, Lexikon zu Demokratie und Liberalismus 1750-1848/49, Frankfurt am Main 1993.

Schmidt, Siegfried (Hg.), Politik und Ideologie des bürgerlichen Liberalismus im Revolutionszyklus zwischen 1789 und 1917, Jena 1983.

Siemann, Wolfram, 1848/49 in Deutschland und Europa. Ereignis – Bewältigung - Erinnerung, Paderborn 2006.

Timmermann, Heiner (Hg.), Entwicklung des Nationalbewegung in Europa 1850-1914, Dokumente und Schriften der Europäischen Akademie Otzenhausen, Berlin 1998.

Wiegand, Christian, Über Friedrich Julius Stahl (1804-1862). Recht Staat, Kirche, Paderborn 1981.